AF509699

SECOND MÉMOIRE

Sur la néceſſité de fonder une Ecole pour former des Maîtres, ſelon le plan d'Éducation donné par le Parlement en ſon Arrét du 3 Septembre 1762.

NOTE PRÉLIMINAIRE.

RIen de plus libre que la façon de penser, *quot capita tot fenfus.* Dans les affaires de pur fyftême, dans les queftions indifférentes, la maxime eft vraie ; quand on ne fort pas de cette fphère, on peut fans conféquence ufer de la liberté de penfer ; dans les queftions où il ne peut y avoir que le *oui*, la liberté de penfer n'a pas lieu ; elle feroit dangereufe, peut-être même criminelle.

Sur l'éducation, comme fur la foi, (qu'on nous permette la comparaifon) la doctrine eft une ; les différens fentimens doivent néceffairement fuppofer les mêmes principes. Difons mieux, il y a unité de fentimens, où la doctrine eft une ; la différence fe trouvera dans les expreffions, la variété dans les moyens, la croyance fera la même.

L'effence de l'éducation ne peut jamais être l'objet des fyftêmes de caprice ; tout citoyen doit vouloir que fes enfans foient bien élevés. *Dans un Etat policé, il devroit être impoffible aux citoyens de trouver des mauvais Maîtres. Les principes de l'éducation, le langage même fur cette importante matiere, devroient être fixés par les loix.* Donner des éloges à une pratique fyftématique d'éducation, qui par principe ne forme pas des Chrétiens, ou des

Sujets fidéles, eſt une forte de blaſphême.

Pour parler éducation, il faut s'y connoître, avoir l'eſprit & le cœur libres de tout préjugé. On ſouſcriroit, ſans le vouloir, à la réputation d'homme coupable, tout au moins d'homme ſuſpect, ſi dans les circonſtances préſentes on demandoit pourquoi de nouveaux établiſſemens? N'auroit-on pas mieux fait de laiſſer intacts ceux qui étoient ſur pied? Pourquoi renvoyer les maîtres que l'on avoit, puiſqu'on ſe plaint de n'en pas trouver? Quiconque ſe permet cette cenſure, s'il eſt citoyen, eſt certainement ignorant.

Il ſeroit moins funeſte à la

Nation de manquer de Maîtres pour un tems, que de n'en avoir que de mauvais. Tels étoient ceux qui avoient été pris à *l'effai*, & qu'on a renvoyés; des volumes fans nombre démontrent que le renvoi de ces prétendus Maîtres a été le *triomphe des mœurs, de la doctrine, de l'enfeignement, de l'éducation dans toute fon étendue*. Le corps qui les avoit formés, ces prétendus Maîtres, les avoit formés pour lui, nullement pour la Patrie; le feul bien public avoué dans ce corps, étoit le bien du corps, l'objet des travaux des particuliers, la fin derniere de fa conftitution. Quiconque n'eft pas ignorant ou fourdement ennemi de la Patrie, fçait tout cela, & fe félicite d'écrire dans un fiécle où s'eft faite une fi heureufe révolution.

Les Maîtres prépofés à l'éducation, doivent être des hommes formés tout exprès. Un corps, une communauté forme pour elle-même les fujets qui fe lient à elle : on n'en connoît aucune qui, par fes conftitutions, fe propofe de former des Maîtres. Il y aura toujours quelqu'incertitude fur le fuccès & le travail des Maîtres qui y ont été élevés, parce que les talens n'en décident pas le choix, mais les ufages.

Ne donnons pas une trop grande étendue aux réflexions,

Concluons d'après l'expérience, que les particuliers qui n'ont d'autre lien que celui des citoyens à la Patrie, s'ils sont formés tout exprès, seront seuls des Maîtres excellens.

SECOND MÉMOIRE.

Sur la nécessité de fonder une Ecole pour former des Maîtres..

QUELLES pourroient être les constitutions, la règle & la discipline de l'Ecole pour former des Maîtres ?

PROPOSER des Constitutions, une régle, une forme de gouvernement pour une maison; c'est supposer la maison établie, ou tout au moins les préliminaires de son établissement prochain.. L'amour du bien public nous feroit-il illusion? * *Credimus? an qui amancipsi sibi somnia fingunt ?* Dans un état dont la premiere loi est le bien public, avoir

---

* *Virgil, 8. Eglog. v. 108.*

A v

démontré la nécessité d'un établissement, c'est lui avoir assuré l'existence.

Démontrons-en la possibilité ; la République de Platon fut une belle idée , & rien de plus ; l'invention d'un systême ne prouve rien. *Priùs est esse quàm esse tale*. Il faut donc, par une seule opération, démontrer la possibilité & l'actualité.

Pour donner l'actualité à l'établissement, il faut trouver, 1°. une maison ; 2°. des revenus attachés à la maison ; 3°. des Maîtres pour gouverner la maison ; 4°. une forme de gouvernement qui assure à la maison sa perpétuité, & à la Nation les avantages qu'elle a droit d'attendre de sa fondation.

Ces quatre propositions se démontrent par un argument général , qui est lui-même un principe de politique.

L'amour du bien public est une émanation de la charité qui est une vertu divine. Cette vertu participe en quelque maniere de l'infinité du premier être ; elle a une sorte d'infinité dans ses moyens & dans ses fins ; donc l'amour du bien public a des ressources infinies. Cet amour du bien public trouvera la maison, les fonds, la meilleure forme

d'adminiſtrer les revenus & tout le reſte ;
donc la poſſibilité & l'actualité de l'établiſſement, ſont démontrées.

Le détail des moyens rendra la dé-
monſtration ſenſible à tout le monde.

I. *La Maiſon.*

La Maiſon pour fonder l'Ecole d'Inſtitution ſe préſente d'elle-même : Epo-
que à jamais mémorable ! Nous ſom-
mes délivrés d'un très-grand mal, &
nous trouvons des reſſources pour l'établiſſement du plus grand bien ; rendons à la Nation & aux vues de la
Nation des Maiſons, que la Nation
avoit elle-même élevées pour le bien
de la Patrie. Ces Maiſons étoient habi-
tées par des hommes qui, contre le
vœu de la Nation, travailloient pour eux-
mêmes & oublioient la Patrie. Ces
hommes ne ſont plus, les Maiſons
exiſtent ; l'intention des fondateurs de
ces Maiſons eſt le bien public. S'il eſt
donc démontré que l'établiſſement d'une
Ecole pour former des Maîtres, eſt le
plus utile de tous les établiſſemens, &
que le bien de la Patrie demande que
cet établiſſement ſoit fondé, (Voyez le
premier Mémoire) il eſt donc démon-

tré qu'il faut choiſir une des trois maiſons vacantes, & y établir l'école pour former des maîtres ; donc la maiſon eſt trouvée.

Le choix d'une des trois maiſons décidera en partie les queſtions dans leſquelles les hommes oiſifs aiment à s'égarer. *Que fera-t-on de ces maiſons ? On en fera ce que la nation, en les fondant, a voulu qu'on en fît.* Conſacrer ces maiſons à des uſages particuliers, c'eſt manquer aux anciens fondateurs ; en faire un uſage public qui ne procurera pas à nos enfans & à nos neveux les ſecours qui forment l'homme pour la patrie, c'eſt ne pas reſpecter les cendres illuſtres de ces grands hommes qui nous crient de leurs tombeaux : *Vous vivez dans des tems plus heureux que les nôtres : nous aimions la patrie : faites ce que nous n'avons pas fait ; faites ce que nous aurions fait, vous pouvez faire mieux que nous.*

I I. *Les revenus.*

Les revenus ſuivent la maiſon ; les trois maiſons avoient des revenus, & des revenus conſidérables, ſoit par leur fondation même, soit par les bénéfices, qui avoient été unis à ces maisons. Quel usage plus utile & plus légitime peut-on faire de ces revenus, que d'en assigner une partie à l'école d'Institution ? Les motifs pressans qui décident l'établissement de cette école, décident nécessairement la partie des revenus. Cette portion de revenus sera plus ou moins considérable, selon l'étendue que l'on donnera à l'établissement.

Un citoyen disoit : (rendons publics sa bonne volonté & son patriotisme.) *Je consens de tout mon cœur à payer la double capitation une année de plus ;* combien d'autres ressources légitimes qui n'altéreroient ni le système politique, ni la fortune des citoyens ? N'oublions pas que l'amour du bien public a des ressources. Je parle à la nation & pour la nation ; elle peut tout, je ne puis rien ; donc les revenus sont trouvés.

J'ajoute, comme par corollaire, que les revenus de l'école recevront des accroissemens dans la suite des tems ; sa constitution lui assurera un fonds d'amélioration ; j'en fais la remarque ici, je le prouverai dans la suite.

III. Les Maîtres.

La patrie a un befoin effentiel que les hommes capables d'en former d'autres, ayent des fucceffeurs & des héritiers de leur vertu & de leurs talens. Si l'efpèce de ces hommes eft confidérablement diminuée, (V. le premier Mémoire,) il faut fe hâter de la multiplier par la crainte qu'elle ne périffe totalement.

Il faut fe hâter; il exifte encore de ces hommes rares par leurs talens, très-rares par leur nombre. On les trouvera ces hommes, fi la patrie les demande : ils ne fe préfenteront pas eux-mêmes, ils aiment la patrie, ils gémiffent fur fes maux & fur fes pertes; leurs gémif-femens décéleront leur retraite. *Il faut fe hâter.* Ces hommes finiront peut-être avant le fiécle, ou n'auront plus, s'ils voyent l'autre fiècle, que l'amour de la patr e & des defirs impuiffans de la fervir. *

-----

* Si on fe fixoit à demander où trouver des hommes capables de la direction & du gouvernement de la maifon, fi les premieres recherches ne fervoient qu'à prouver la rareté

I V. *Forme du gouvernement.*

Il faut affurer à la maifon fa perpétuité, & à la nation les avantages qu'elle a droit d'attendre de fa fondation. Ces deux objets font tout le plan du gouvernement de l'école pour former des maîtres.

Quelle gloire pour la nation ! Cette école fera la premiere & la feule dans l'objet de fa fondation ; le marbre qui couronnera fon portail, annoncera aux fiécles à venir fa nobleffe & fes prérogatives.

D. O. M.
Schola Univerfitatis Regia,
Regis pietas
fund.
Anno M. DCC. LXII.

Les conftitutions de l'Ecole pour former des maîtres, régleront :

I. Le nombre des Supérieurs pour la conduite & le gouvernement de la mai_

---

de l'efpèce de ces hommes capables d'en former d'autres, ce que je dis feroit mieux prouvé ou plus évident ; *il faut fe hâter.*

[16]

ſon , Principal , ſous-Principal , Procu-reur, Profeſſeurs *, Préfets d'études, &c.

II. L'honoraire de chaque Supérieur.

III. La dépendance & le rapport des ſeconds au premier.

IV. Le choix des Supérieurs pour l'inſtant de la fondation ; & pour la ſuite, à qui en appartiendra la nomina-tion.

V. Les qualités & les grades des Supérieurs. Seront-ils gradués, Maîtres ès-Arts au moins dans quelque Uni-verſité ? **

* Voyez ci-après. Les Profeſſeurs ſont déjà fondés.

** L'article des grades eſt inſinué dans la ſuite du Mémoire. Je demande qu'il me ſoit permis de propoſer des vues pour faciliter la fondation de l'Ecole pour former des Maîtres. L'objet de la fondation ſuppoſe des Directeurs & des Profeſſeurs. Un homme de bien, vrai-ment honnête homme , homme de goût, d'eſ-prit , de bon ſens, homme ſçavant dans la religion , fera un excellent Directeur. Un Pro-feſſeur doit de plus être ſçavant dans les ſciences qu'il profeſſe. Fonder des places de Profeſſeur dans l'Ecole même , ſeroit peut-être dans les Conſtitutions l'article le plus épineux & le plus onéreux. Si on y fait attention ,

VI. *Les Supérieurs seront-ils Ecclé-
siastiques ? S'ils ne le sont pas , porteront-
ils l'habit Ecclésiastique ?*

VII. La reddition des comptes, soit
du Procureur au Principal, soit du Principal au ministere public.

VIII. Les fonctions particulieres de
chaque Supérieur dans la maison.

IX. Le Chapelain. *Le Principal en
fera-t-il les fonctions , &c ?*

X. Le nombre des places gratuites
fondées dans l'Ecole.

XI. A qui appartiendra la nomina-
tion à ces places.

---

les Professeurs sont déja fondés ; Professeurs
pour les Langues , Professeurs pour l'Elo-
quence , Professeurs pour la Philosophie , Professeurs pour les Mathématiques , &c. Je parle
du Collége Royal ; les élèves y seroient con-
duits alternativement par le sous-Principal &
par le Préfet d'études ; les leçons de MM. les
Professeurs ne sont que d'une heure , on pourroit écouter commodément deux Professeurs ;
on rendroit compte dans la maison des leçons du Collége Royal , &c. Sous nos yeux ,
ce précieux établissement n'est presque utile à
personne par le défaut d'auditeurs. Assignez
des Ecoliers au Collége Royal , vous ferez
revivre la fondation , & vous lui rendrez sa
premiere splendeur , &c. Les Professeurs sont
trouvés ; on trouvera les Directeurs.

XII. Les qualités & les grades de ceux qui seront nommés aux places fondées.

Seront-ils Maîtres-ès-Arts, ou la maison les fera-t-elle recevoir ?

XIII. Les témoignages pour être pourvú des places, & les raisons pour être renvoyé de la maison.

XIV. Pendant combien d'années on jouira des places.

XV. L'habit des élèves de la maison.

XVI. La règle & les usages de la maison.

Sçavoir :

1°. L'heure du lever, des repas, des études, des récréations, du coucher.

2°. La prière.

3°. L'emploi du temps les jours ordinaires.

4°. La distribution du tems, & exercices pour les Dimanches & Fêtes.

5°. Les études. *

____

* Le motif seul de la fondation de l'Ecole indique le plan d'études ; on veut former des Maîtres ; on enseignera donc tout ce qui fait un Maître ; un Maître préposé à l'éducation doit être savant dans

6°. La nourriture.

7°. Le logement.

Chaque élève aura-t-il sa chambre?

8°. Les appartemens des supérieurs; leur distribution la plus commode pour veiller sur les élèves.

9°. Les salles d'études & des conférences.

10°. L'infirmerie.

11°. Les choses fournies aux élèves par la maison, chauffage, blanchissage, &c.

12°. Les choses dont les élèves se fourniront eux-mêmes, lits, linges de table, &c.

13°. Loix pour les sorties en ville.

14°. Les domestiques, leur nombre, leur condition, & leurs fonctions dans la maison.

---

la religion; puisque dans un sens il est Pasteur; il doit sçavoir les principes généraux des langues, le Grec, le Latin, l'Histoire, la Géographie, les Mathématiques, &c. c'est-à-dire, que les Maîtres qui auront été formés dans cette Ecole, feront, selon leurs talens particuliers, ou Grammairiens, ou Humanistes, ou Orateurs, ou Philosophes, mais tous excellens dans leur genre; ce qui fera commun à tous; chacun aura appris *l'Art des Arts, l'Art de gouverner.*

La volonté du fondateur fur tous ces chefs fera la légiflation fondamentale & ufuelle de la maifon ; elle tiendra fon être total, fes loix, fes revenus, de la haute fageffe & de la magnificence de fon fondateur. Par fes conftitutions elle remplira parfaitement l'objet & les motifs de fa fondation, & dans le fait, elle fera la feule école où fe formeront les Profeffeurs pour les Univerfités, les Maîtres particuliers ou publics pour l'éducation : tous à l'envi y chercheront à bien faire. L'efprit de la Loi, bien plus que la lettre de la Loi, en fera la régle. La maifon une fois confiée à un nombre fufifant de directeurs, & le Code de la Loi une fois connu, toute la régle fera obfervée.

Formés fur les vrais principes, nourris de la faine doctrine, ces hommes vrais maîtres en fortant de la maifon d'Inftitution, & rendus à la Patrie pour les différens emplois felon les mérites particuliers, trouveront leur caution dans la maifon même qui les aura formés. C'eft la maifon qui atteftera *la piété, le Chriftianifme, les talens, &c.* Je dis la piété, le Chriftianifme, les talens, parce que l'union de ces vertus dans une même perſonne fait ſeule le vrai maître, le vrai citoyen.

MOYENS

Pour donner plus d'étendue à l'Ecole pour former des Maîtres.

Un citoyen ſe croit permis de dire en différentes manieres qu'il aime la Patrie; s'il ne dit pas toujours bien, il prouve toujours qu'il eſt citoyen; ce motif eſt le ſeul qui me fait écrire. Je ſoumets ſans peine mes penſées à la cenſure de quiconque croira mieux penſer que moi. Quelle que puiſſe être l'iſſue de ce projet, j'aurai prouvé mon ſyſtème : *j'aime la Patrie.*

I. MOYEN.

Recevoir des Penſionnaires.

Donnons entrée dans cette école à des penſionnaires; dans cette ſuppoſition il y aura deux quartiers, le quartier des Maîtres-ès-arts, ou des éléves; le quartier des Philoſophes, ou des penſionnaires : on ſera reçu dans la maiſon

à titre de penſionnaire, ſur des témoignages ſuffiſans, à l'iſſue de la Rhéto-
rique ; on payera la penſion convenue. Le
quartier des penſionnaires ſera comme le
noviciat ; les places fondées ſeront données préférablement à ceux qui auront
été penſionnaires dans la maiſon, en
ſuppoſant les mœurs & l'aptitude. Dès-
lors ces penſionnaires ſeroient connus,
ils ſeroient amis de la diſcipline de la maiſon. Les progrès dans les études & dans
l'éducation particuliere de la maiſon, ſeroient, & plus rapides, & plus certains.
La Philoſophie faite, les penſionnaires
paſſeroient Maîtres-ès-arts.

Le quartier des Philoſophes ſeroit par-
ticulierement ſous la dépendance du
ſous-Principal pour la diſcipline, pour
les études & pour la conduite ; les Maîtres-
ès-arts, ou les éléves en ſeroient chargés ;
ils rempliroient les fonctions de maître
de quartier chacun un ou pluſieurs jours,
ſelon le beſoin ; celui des Maîtres-ès-arts
qui ſeroit en fonction, coucheroit dans le
dortoir des penſionnaires, feroit la répé-
tition des cayers, feroit réciter, &c. con-
duiroit au Collége, préſideroit aux récréations, feroit rendre compte des lec-
tures, &c.

Les Philosophes assisteroient aux conférences & aux autres exercices de la maison, autant que leur étude particuliere pourroit le permettre.

Les pensionnaires, indépendamment de l'étude de la Philosophie, s'appliqueront aux Belles-Lettres, un jour par semaine; ils travailleront successivement, amplification françoise, amplification latine, version grecque, version latine, explication des Auteurs Grecs & Latins. Les Maîtres-ès-arts seront chargés de tous ces devoirs.

Les Philosophes rendront compte tous les mois de leurs études dans un exercice public. Les Maîtres-ès-arts présideront à cet exercice chacun à leur tour, les autres interrogeront. On priera quelques amis d'assister à l'exercice.

II. MOYEN.

Le titre & les prérogatives du titre de :
SOCIUS REGIÆ UNIVERSITATIS
SCHOLÆ.

Le titre de *Socius Regiæ Universitatis Scholæ* sera acquis par la demeure dans l'école, soit comme éléve, soit comme pensionnaire; les constitutions fixeront le nombre d'années. Les places de supérieur ou directeur de la maison, principal, sous-principal, & les autres, ne seront données dans la suite qu'à ceux de la maison & société. * Cette sorte d'affiliation à la maison donneroit du lustre à son établissement ; on la préféreroit pour la Philosophie ; peut-être aussi les éléves seroient-ils plus attentifs à leur conduite par la crainte de perdre leur place, & par l'espérance de jouir un jour des priviléges. Cette affiliation seroit un titre honorable, & contribueroit à l'accroissement des revenus de la maison.

III. MOYEN.

Fonder l'Emérite pour les Eléves de l'Ecole.

L'amour du bien doit être le motif principal qui fixe les Maîtres dans leur état, & qui leur fasse supporter sans dégoût les amertumes insépara-

---

* Il en sera de même pour l'Emérite fondé dans l'Ecole , dont nous parlons à l'article suivant.

bles

bles de leur miniftere ; ce motif aura fans doute beaucoup de pouvoir fur l'efprit & fur la volonté des Maîtres formés dans la maifon d'Inftitution, parce qu'ils y auront appris que l'homme fur la terre n'y eft en derniere analyfe, que pour travailler à s'affurer une vie heureufe pour l'éternité; que la fortune certaine de l'homme n'eft pas celle qui fe fait dans cette demeure où l'on a à craindre, & les voleurs, & les vers, & la rouille ; que la feule ambition raifonnable eft le falut éternel. L'homme, conduit par ces principes, trouve fa confolation à faire le bien, à rendre à la patrie ce qu'il a reçu de la patrie ; fa vocation eft certaine, fon travail eft néceffaire ; au milieu de fes peines il n'eft jamais fans confolation, parce qu'il a dans le Ciel le témoin de toutes fes œuvres.

Mais enfin, ces hommes avec ces grands fentimens de charité, de générofité, de défintéreffement, font hommes, je veux dire que ces hommes acceffibles à tous les befoins de l'humanité, après un tems de travail, plus ou moins long, felon les forces, ne compteront peut-être plus leurs années que

B

par leurs infirmités. Ces hommes cou-
verts de bleſſures , fruit glorieux des
combats ſoutenus pour la patrie ,
doivent trouver une reſſource, une retraite aſſurée, dans laquelle dégagés de
tout ſoin, ils n'ayent plus à traiter qu'une
ſeule affaire. La maiſon où ils ont été
formés pour la patrie, eſt leur mere ;
c'eſt par ſon ordre qu'ils en ſont ſortis ;
leur miniſtere rempli, ils viendront lui
en rendre compte ; ils finiront leurs
jours là où ils ont pris naiſſance ; leurs
travaux & la force des années auront été
la richeſſe de leur mere, leur repos &
leur vielleſſe ſeront ſa gloire, leur piété
& leurs lumieres, ſa reſſource & ſon
ſoutien.

Voici ma penſée.

Il y aura dans les bâtimens de l'é-
cole pour former des Maîtres, un bâtiment appellé le batiment des Emérites ;
les Emérites y ſeront logés, nourris,
chauffés, éclairés, blanchis, ſoignés en
ſanté, en maladie, commodément &
décemment. Les conſtitutions de la maiſon s'expliqueront ſur tous ces chefs ;
elles fixeront le nombre d'années pour
l'Emérite ; vingt ou vingt-cinq plus
ou moins.

Dans ce plan je m'occupe principale-
ment, ou prefque uniquement, des
maîtres à qui le travail n'aura pas pu
fournir la reffource de l'Emérite ; l'Emérite eft fixé dans l'univerfité de Paris ; il
devroit être fondé dans tous les colléges du royaume. Les motifs de cette
fondation font connus & d'expérience.
Un Profeffeur qui n'a d'autre patri-
moine que fa chaire, mourra dans fa
robe : fera-t-il toujours le même ? Ses
foins, fon travail, auront-ils le même
fuccès dans les différens luftres de fes
années ? *Omnia fert ætas.* Il feroit in-
jufte de l'imputer à mauvaife volonté,
& d'en faire un crime. *Le miniftere public* étendra fa follicitude fur cet article, *objet effentiel dans l'éducation.*

Les précepteurs ou gouverneurs dans
les maifons particulieres, ont un droit
prefque certain à une penfion de retraite,
& les honoraires d'ufage pour ces places ouvrent la voye à des épargnes.

Refte donc à l'affurer, cet Emérite,
à ceux des Maîtres qui dans une condition moins connue, rempliffent cepen-
dant un miniftere plus confidérable &
plus étendu. Je parle des Maîtres de
quartier dans les colléges & dans les

penfions ; ces places ne font communé-
ment qu'un noviciat pour apprendre à
mieux faire , ou un pont pour fe faire
paffage à des places ou plus lucratives,
ou , comme on le penfe , plus honora-
bles ; l'éducation réformera toutes ces
fauffes idées. *Les meilleures places pour
un citoyen , font celles où il y a plus de
bien à faire.* Si un citoyen pouvoit n'être
pas affujetti malgré lui à des befoins,
il s'oublieroit lui-même pour ne s'oc-
cuper que de la patrie ; les befoins
forcés de l'homme ont fait cette Loi
chez tous les peuples : *Le prix du travail
eft fixé par le travail.* La république doit
elle-même y pourvoir dans le cas pref-
fant , felon la maxime évangélique , *di-
gnus eft operarius cibo fuo.* * Un Maître
prépofé à l'éducation , doit être déchargé
des conditions humiliantes d'une con-
vention pour fon travail. La diftraction
fur cet objet capital a caufé deux grands
maux : *défaut de fentiment dans les
Maîtres ; baffe & prefque ignominieufe
adminiftration* dans le très-grand nombre
des maifons deftinées à l'éducation commune. La patrie doit enfin s'expliquer ,

---

* Matth. X. 10.

& par des Loix de précaution , décider efficacement qu'il n'y aura dans la suite d'autres maisons que les maisons où les Maîtres travailleront avec décence & profit pour eux , & dans ces maisons d'autres Maîtres que ceux qui pourront travailler avec décence & profit pour la patrie ; éloignés de la condition des Maîtres dans les maisons destinées à l'éducation commune , l'incertitude & la misere ; l'éducation y sera bonne , peut-être même préférable à l'éducation particuliere , parce qu'elle sera *très librement faite* par des Maîtres , & non par des mercénaires : ces Maîtres , délivrés de toute incertitude pour l'avenir , feront contens dans leurs places ; ils s'y fixeront , & tout sera bien.

Tel est le plan ; ce plan peut être rempli.

1°. Les principaux des colléges & les Maîtres de pension payeront à la maison d'Institution *cent livres* pour chaque Maître que la maison leur aura donné ; cette somme de cent livres sera payée tous les ans pendant tout le tems que les Maîtres travailleront dans les maisons ; après leur sortie, les principaux &

les Maîtres de penſion ne feront plus tenus à rien : on ne recevra dans le bâtiment des Emérites que ceux des éléves de la maiſon pour leſquels cette ſomme de cent livres aura été payée pendant les vingt ou vingt-cinq années fixées pour l'Emérite.

Si les Maîtres placés d'abord dans les colléges ou dans les penſions, ſont appellés à d'autres places, ils pourront conſerver le droit à l'Emérite en payant eux-mêmes pour les années à écheoir, non cens livres, mais deux cens livres par année.

On donnera plus d'étendue à cet Emérite, ſi on le trouve bon ; tous ceux qui feront de la maiſon & ſociété y auront droit, en payant eux-mêmes tous les ans deux cens livres à la maiſon.

2°. L'honoraire pour les Maîtres de quartier donnés par la maiſon d'Inſtitution, ſera au moins de *trois cens livres* par an ; les principaux & Maîtres de penſion qui donneront *quatre cens livres*, auront le choix ; le public dont je plaide les intérêts, ne doit être ni ſurpris, ni mécontent ſi les Maîtres de penſion augmentent le prix des penſions proportion-

némentà leur dépenſe : toute la dépenſe
eſt pour leurs penſionnaires ; les penſionnaires doivent donc y fournir. Les Maîtres de penſion qui ne goûteront pas ces
arrangemens , chercheront leurs Maîtres
ailleurs, & tâcheront de bien faire s'ils le
peuvent.

Les années de l'Emérite révolues, on
ſera reçu dans le bâtiment qui ſera aſſi-
gné aux Emérites, non pas ſeulement à
titre de récompenſe , mais à titre de
dette.

Chaque particulier aura pu , pendant
les vingt ou vingt-cinq années de travail ,
ſe procurer quelque tontine , & s'aſſurer
trois ou quatre cens livres de rente pour
ſon entretien. La maiſon d'Inſtitution
elle-même ſe chargera de cette rente
viagere , ſi les particuliers lui payoient
pendant vingt ans 200 livres par année :
elle s'obligera après ce terme à la rente
de 400 livres. Par toutes ces loix de précaution , & par ſa propre conſtitution, la
maiſon poſſéderoit un fonds très-fécond
d'amélioration. *

---

* Je ſupprime un calcul que j'ai fait ; ce
calcul qui ſuppoſe dans ſon addition la lon-

Le détail dans lequel je suis entré, donne lieu à une queſtion.

Les places fondées dans l'école pour former des Maîtres, le feront pour un temps fixé par les conſtitutions. Si les éléves ne font pas placés en fortant de la maiſon, que deviendront-ils ? Qui eſt-ce qui dans la fuite fera leur caution ? &c.

Je réponds à cette queſtion : la maiſon dans l'acte d'affiliation, donnera à chaque éléve les témoignages mérités ; ſi les éléves ne font pas placés dans cet inftant, ils feront obligés de conferver des relations affidues avec les fupérieurs. Les premieres atteſtations feront confirmées & renouvellées tous les ans. Ceux des éléves qui fe placeront eux-mêmes, fans le concours des fupérieurs de la maiſon, n'auront aucun droit à l'Emérite,

que vie des Emérites, prouve que la maiſon ne feroit point furchargée même dans les premieres années. Si on a égard aux mutations, aux viciſſitudes ; ſi on fait attention que tout eſt viager pour les particuliers ; que la maiſon héritera de tous les Emérites, &c. la fomme du bénéfice fera tout autrement conſidérable.

& feront déchus de tous les priviléges de *Socius Scholæ*, &c. il en fera de même à l'égard de ceux qui, par défaut de conduite, perdroient leurs places : les conftitutions doivent prévoir ce qui eft poffible.

Si ces moyens de donner plus d'étendue à la fondation de l'école pour former des Maîtres font approuvés , ils feront partie des conftitutions de la maifon ; j'ai pour motif, en les propofant, de rendre l'école utile à un plus grand nombre de fujets , avantageufe à elle-même par l'accroiffement de fes revenus , enfin vraiment utile aux éléves qui feroient mis à l'épreuve & à l'examen, & qui apprendroient par la pratique , l'application des préceptes fur le gouvernement & fur la maniere d'enfeigner.

Je conclus ce Mémoire. Citoyen par état, ami du bien public par goût & par inclination ; accoutumé depuis long-tems à penfer, à travailler pour la patrie ; j'aime à me perfuader que la Chartre de la fondation de l'école pour former des Maîtres, fera une flamme plus agréée aux Magiftrats. Oui, le régne de

leur, du plus aimé des Rois, sera im-
mortalisé par l'établissement de cette
Ecole, monument à jamais durable de
sa religion, & de sa tendresse pour ses
Sujets.

Regis pietas fundavit.

Le 25 Octobre 1762.

*Le troisiéme Mémoire suivra de
près celui-ci.*

FAUTES A CORRIGER
dans le premier Mémoire.

Page 7, *ligne* 18, & le gouvernement,
lisez, & ce gouvernement.
Page 11, *ligne* 13, ils auroient, *lisez*
ils auront.
Ibid. ligne 21, la rende, *lisez* la ren-
dent.